Immer wieder mittwochs

52 Meditationen zur Wochenmitte

Herausgegeben von der Brüder- und Schwesternschaft Martinshof

Immer wieder mittwochs
52 Meditationen zur Wochenmitte

Verlag Gunter Oettel

Impressum

© für das Buch: Herausgeber und Verlag Gunter Oettel Görlitz/Zittau 2008
© für die Texte und Fotos: Autoren und Fotografen

Herausgeber: Brüder- und Schwesternschaft Martinshof e.V., Mühlgasse 10, D-02929 Rothenburg, Tel: 03 58 91 / 38 14 5, Fax: 03 58 91 / 38 11 0, http://www.buss-martinshof.de.
Redaktionskreis: Andreas Drese, Peter Goldammer, Brunhilde Petran, Torsten Schönfelder.

Mitglied im:

Verband Evangelischer Diakonen-, Diakoninnen- und Diakonatsgemeinschaften in Deutschland e.V.

Diakonisches Werk Berlin-Brandenburg-Schlesische Oberlausitz

Verlag Gunter Oettel Görlitz/Zittau, www.verlag-oettel.de
Lektorat: Firma Interkorrektor Braunschweig, Dirk Müller
Grafische Gestaltung: Gunter Oettel, Görlitz
Druck: Graphische Werkstätten Zittau GmbH
Fotos: Roswitha Wintermann, Görlitz und andere (siehe Bildverzeichnis im Anhang)

ISBN 978-3-938583-34-0

Der Redaktionskreis dankt der Grafikerin Hanka Bauer, Zittau, für ihre Beratung bei der Erstellung des Buches.

innehalten, sich besinnen, entfliehen

Liebe Leserinnen und Leser,

ich sehe die Welt ganz anders, ich sehe die Welt mit meinen Augen. Ich sehe Gott – auf meine Art. „Ich sehe was, was du nicht siehst." Ein uraltes Kinderspiel, ein Spiel ohne Gewinner.

In dem vor Ihnen liegenden Buch wurden für Sie verschiedene Texte und Bilder zusammengetragen. Sie können motivieren, einen Moment inne zu halten.

Zusammengestellt haben das Buch Diakoninnen und Diakone, die ihre Arbeit als Dienst am Nächsten verstehen. Es sind Menschen unterschiedlicher Couleur. Und ebenso bunt gemischt sind die Texte in ihrer Aussage, in ihrer Richtung, in Form, Stil und auch in ihrer Frömmigkeit. Hinter ihnen steht die Lebens- und Glaubenswelt ihrer Autoren.

Ich sehe was, was du nicht siehst, ich sehe meine Welt – und in diese meine Welt lade ich dich ein.

Verstehen Sie diese Texte als Einladung – Fragen, Zweifeln, Hoffnungen und Glauben einen Raum im Leben zu geben.

Andreas Drese

Andreas Drese, Diakon
Brüder- und Schwesternschaft Martinshof e.V.

Verbale Bilder zwischen zwei Urlaubsreisen

Jahreswechsel ist für mich wie das Erreichen eines Passes, besser noch eines Joches oder einer Scharte. Der Aufstieg ist unbekannt. Er hat seine schwierigen Stellen. Der Weg ist teilweise verschüttet und nicht leicht zu erkennen, es besteht Abrutschgefahr.

Zwischendrin die Frage an den Partner: „Wie geht es dir? Kommst du zurecht?" Der Steig hat aber auch seine Reize, herrliche Aussichten! Trittsicherheit ist wichtig und Pausen. Beim Erreichen der Scharte kurzes Innehalten. Den Rückblick und den Vorausblick genießen.

Fragen werden gestellt: Wird der unbekannte Abstieg ähnlich schwierig wie der Aufstieg? Vielleicht auch schwieriger? Sollte man lieber zurückgehen? Wie geht es dem Partner?

Im Tal sieht man Menschen beim Aufstieg. Diese Tatsache verringert die Abstiegsunsicherheit. Konnte die Zeitplanung eingehalten werden? Wie viel Zeit hat der Aufstieg gekostet und wie viel Zeit wird man für den Abstieg brauchen? Wie ist die Wetterlage? Reicht der Proviant? Wie sieht es mit den Kraftreserven aus?

Im Hochtal ein Denkmal für die abgestürzten Bergsteiger. Es muss nicht immer gut gehen. Dankbarkeit!

Brunhilde und Werner Rölke,
Pflegedienstleiterin/Heimleiter und Diakon,
geboren 1939/1937, wohnen im Ruhestand in
Dresden. In der Jugend Freizeitbergsteiger,
heute Bergwanderer.

Das wünsche ich dir, und mir ...

Leichtigkeit ohne Oberflächlichkeit,
Ernsthaftigkeit ohne Verbissenheit,
Humor ohne Leichtfertigkeit,
Momente der Gelassenheit,
Raum für Sinnlichkeit.

Wurzeln der Verbundenheit,
Flügel, die tragen aus eigener Beschränktheit,
Fenster der Offenheit.

Grenzsteine statt Verlorenheit,
Eigenständigkeit ohne Weltvergessenheit,
Begegnung, die führt aus Einsamkeit.

Erneuerung und Beständigkeit,
Zweifel statt Überheblichkeit
und Schätze der Gewissheit.

Stefan Zeller mit seinen Kindern

Stefan Zeller, Diakon/Diplomsozialpädagoge, geboren 1971, verheiratet, zwei Kinder, wohnt in Rothenburg, Leiter der Heilpädagogischen Förderung des Martinshofes.

52 x sich – Zeit – nehmen,
sich aufmachen, entdecken, träumen
die Gegebenheiten überdenken
und annehmen.
Mit Hingabe dem Nächsten dienen,
ein sinn-erfülltes Dasein praktizieren.

Manfred Gosdschan, Diakon/Diplom-
sozialarbeiter, Jahrgang 1953,
verheiratet. Wohnt in Leuthen bei Cottbus,
Verwaltungsmitarbeiter, Naturfreund und
Ökologie-Fan.

Der Mensch, das unergründbare Wesen?

Eine Karikatur: „Der Gläserne Mensch ist ein großer Fortschritt! ... aber man müsste ihm auch ins Herz sehen können."

Heute hören wir von vielen Versuchen, den Menschen ganz zu durchschauen und zu kontrollieren. Ist friedliches Leben in unbegrenzter Sicherheit nur möglich, wenn die Gesellschaft jeden Bürger, seine Glaubens- und Lebensweise, seine Aktivitäten genau durchschauen kann?

„Ein Mensch sieht, was vor Augen ist; der Herr aber sieht das Herz an", lese ich in der Bibel. Wie kann es mir gelingen diesen Blickwinkel Gottes einzunehmen, dass ich mich nicht von dem Äußeren blenden lasse, sondern „das Herz" entdecke?

Gegenseitiges Vertrauen ist überlebenswichtig und es kann dort wachsen, wo ich mich meinem Gegenüber öffne.

Für meinen Glauben und meine Lebensgestaltung sind mir die Bibel und die Schwestern und Brüder unserer Gemeinschaft wichtig.

Kurt Worrack bei einer Spielszene

Kurt Worrack, geboren 1933, verheiratet, Diakon/Diplomsozialpädagoge, Wohnbereichsleiter bei behinderten Menschen, förderte Freizeitaktivitäten der Bewohner, wohnt im Ruhestand im Martinshof Rothenburg.

„Einer trage des anderen Last, so werdet ihr das Gesetz Christi erfüllen."

Vollwertkost – Spiritualität zur täglichen Ernährung. Drei Einsichten kann das Wort schenken, als Inspiration für jeden Tag:

Ich lebe – und gebe anderen zu tragen.
Ob Menschen oder Gott – ich gebe ihnen zu tragen. Wodurch, wann, wo und wie? Eine tägliche Entdeckungsreise. Das macht mich nüchterner, bescheidener, solidarischer und verständnisvoller.

Ich lebe – und werde getragen.
Ob Menschen oder Gott – ich werde von ihnen getragen. Wodurch, wann, wo und wie? Eine tägliche Entdeckungsreise. Das macht mich staunen, dankbarer, vertrauensvoller und mutiger.

Ich lebe – und kann tragen.
Trotz allem, was ich zu tragen gebe, durch alles, was mich trägt, kann ich andere mittragen. Wodurch, wann, wo und wie? Eine tägliche Entdeckungsreise. Das macht mich aufmerksamer, verantwortungsbewusster, hilfsbereiter.

Eine gute Nachricht für jeden Tag.

Christian Petran, Pfarrer im Ruhestand,
Jahrgang 1938, wohnt in Görlitz.

In den Kellerräumen, eines von Bomben zerstörten Gemeindehauses in Dresden, begegnete mir unser Klempnermeister. In der Hand ein Gefäß, in welchem er Gips anrührte. Beim näheren Hinschauen entdeckte ich, dass dies nicht irgendein Napf, sondern der Form nach ein Abendmahlskelch sein musste, wenn auch bis zur Unkenntlichkeit schwarz und unansehnlich. Dem erstaunten Meister entwand ich das Gefäß.

Er hatte den Kelch in einer dusteren Ecke des Kellers zwischen Schutt und zerstörtem Gerät gefunden und war sich dabei des Missbrauchs keineswegs bewusst. Es war auch nicht mehr herauszubekommen, wie dieses geweihte Gefäß dorthin gelangt war. Aber die Verhältnisse nach der Bombennacht erklärten vieles. Nach fast zweistündiger Arbeit, bei der eine Menge Putzmittel und Lappen verbraucht wurden, stand ein vergoldeter Kelch aus massivem Silber vor uns, wunderbar ziseliert und mit einer Widmung versehen. Er hatte keinen Schaden genommen und konnte, zur Freude der Gemeinde, wieder in Dienst genommen werden.

Verloren und wiedergefunden, zweckentfremdet und wieder seiner eigentlichen Bestimmung zurück gegeben. Könnte es wohl auch mit uns Menschen so sein: kostbare Gefäße, die Gott sich zum Dienst bereitet hat, die im Laufe eines Lebens an ihrer Bestimmung vorbeileben, nicht wirklich das sind, was sie sein sollten und könnten? Und Gott will uns doch gebrauchen.

Im persönlichen Erleben suche ich Bilder für meine Verkündigung, damit Gottes Herrschaft anschaulich wird.

Reinhard Leue, Pfarrer. Geboren 1929, Kriegsteilnahme als „Schanzer", eingesetzt als „Schanzer" zum Bau von Sperranlagen. 1945 Flucht aus Breslau nach Dresden, verheiratet. Pfarrer in Görlitz und Dresden, später in Schleusingen Superintendent, danach Theologe im Leitungsteam des Martinshofes. Lebt im Ruhestand in Rothenburg.

Mit Erreichen der Altersgrenze gingen mein Mann und ich in den Ruhestand. Doch wir merkten bald, dass uns der regelmäßige Umgang mit Menschen fehlte.

Im März 1992 eröffnete in unserer Stadt die Bahnhofsmission, wir beide waren von Anfang an dabei.

Zur Bahnhofsmission kamen viele Obdachlose. Frühzeitig standen sie schon vor der Tür und warteten auf heißen Kaffee und Brote. Sie anzuhören, ihre Sorgen zu verstehen und ihnen nahe zu sein, war oft noch wichtiger als Wärme und Speise.

Hier erlebten wir auch Menschen, die mit ihrem Leben am Ende waren, sich vor den nächsten Zug werfen wollten.

Auf den Bahnsteigen halfen wir Reisenden, darunter vielen Aussiedlern. Ihren gesamten Besitz trugen sie bei sich. Eine Verständigung war oft schwierig, denn nur die alten Menschen der Familien sprachen deutsch. Die Erlebnisse beschäftigten uns oft noch am Abend, wenn wir in unserer gemütlichen Wohnung saßen.

Trotzdem haben wir die ehrenamtliche Tätigkeit nicht aufgegeben, wir haben sie gern getan. In der Zeit der schweren Krankheit meines Mannes und nach seinem Tod blieb die Bahnhofsmission für mich ein Zufluchtsort, hier hatte ich meine Aufgabe. Hier waren Menschen die mich brauchten.

Rosemarie Wronna, Verwaltungsmitarbeiterin im evangelischen Versandbuchhandel. Jahrgang 1932. Ehemann Heinz, Diakon im Gemeindedienst in Magdeburg, verstarb 1999.

Kann ich stärker wachsen
als meine ersten Wurzeln mich tragen können?
Über mich – aus mir hinauswachsen?
Ja – wenn mir Unter-Stützung wächst.
Ja – wenn ich den Grund auf neue Art spüre.

*Meine Frau und ich besuchten unsere Tochter in „Down Under",
Australien. Am Flussufer fand ich diesen Baum. Ich weiß nicht
wie man ihn nennt. Ich bewundere die grenzenlose Fantasie des
Schöpfers.*

Christfried Heinke, Kreisjugendwart in
Mecklenburg, Jahrgang 1956, verheiratet,
wohnt in Burg Stargard.

*„Der du die Zeit in Händen hast,
Herr, nimm auch dieses Jahres Last
und wandle sie in Segen.
Nun von dir selbst in Jesus Christ
die Mitte fest gewiesen ist,
führ uns dem Ziel entgegen.
Der du allein der Ew'ge heißt
und Anfang, Ziel und Mitte weißt
im Fluge unserer Zeiten.
Bleib du uns gnädig zugewandt
und führe uns an deiner Hand,
damit wir sicher schreiten."*

Jochen Klepper

Organistenjubiläum

Elisabeth Slusarek, Diakonin und Heilpädagogin, Jahrgang 1956, verheiratet, wohnt in Ortrand und arbeitet mit geistig behinderten Menschen. Lieder begleiten sie durch ihr Leben. Sie spielt seit ihrer Jugend die Orgel ihrer Kirchengemeinde.

Jesus ist im Garten Gethsemane und sucht das Gespräch mit Gott. Er ringt mit Gott, die Last seines Auftrages liegt schwer auf seinen Schultern. Er bittet seinen Vater: „Lass diesen Kelch an mir vorübergehen."

Hier ist mir Jesus besonders nahe. Sich verlassen und einsam zu fühlen gehört zu den Passionserfahrungen in meinem Leben. Ebenso das Erleben der helfenden Nähe Gottes.

Der Text des Liedes nimmt mich mit meinen Zweifeln und Sorgen an und verweist auf den, der die Mitte meines Lebens sein möchte. Diese Verse beschönigen nicht. Sie stellen Fragen und warten auf Antwort. Auch schenken sie Hoffnung für morgen, Hoffnung auf Gottes Geleit auch in schweren Zeiten.

Die Passionszeit und Ostern laden ein, Gott zu bitten: Bleib du mir gnädig zugewandt und führe mich an deiner Hand, damit ich sicher schreite.

Fehlermanagement

Es wird mir nicht gelingen, fehlerfrei die alltäglichen Anforderungen zu meistern. So wie ich beim Essen der Spaghetti mein Hemd bespritze, so ist es auch mit meiner scheinbaren Gerechtigkeit.

Natürlich will ich alles gut machen, möchte frei von Fehl und Tadel sein. Doch ich weiß, dass ich dieser übermächtigen Anforderung nicht gewachsen bin.

Wenn ich nur noch damit beschäftigt bin ohne Sünde zu sein, makellos und unbefleckt, wird Leben unmöglich.

Doch das Vertrauen darauf, dass ich angenommen bin, macht mich frei für die alltäglichen und für neue Aufgaben. Dann bin ich zwar nicht besser als die anderen, aber ich bin besser dran – ich weiß, dass mir Gott meine Fehler vergibt.

Günter Hartung mit Ehefrau Ortrud

Günter Hartung, Diakon/Diplomsozialarbeiter, geboren 1955, wohnt in Braunschweig. Organisationsberater und Bereichsleiter im Diakonischen Werk.

Ein Brot liegt vor mir.

Ich nehme es mit allen Sinnen wahr. Rund ist seine Form, leicht und locker fühlt es sich an. Es lässt sich brechen und in Stücke teilen. Appetitlich riecht es, schmeckt würzig, gibt Kraft, sättigt und nährt. Mit anderen in der Tischrunde gegessen, erlebe ich Gemeinschaft.

Wenn die Bibel vom Brot spricht, meint sie die tägliche Nahrung oder die festliche Gesellschaft. Auf der Flucht und in der Wüste stärkt es. An der festlichen Tafel bringt es die verschiedensten Menschen zusammen. Am Abend vor seinem Sterben nahm Jesus das Brot und brach es als Zeichen seiner Hingabe.

Ich frage mich: Wann werde ich „Brot"? Wenn ich für andere genießbar bin. Wenn meine Zuwendung anderen Kraft gibt, wenn ich solidarisch bin, auch mit Fremden und Fernen. Wenn von unserer Gemeinschaft ein angenehmer „Duft" ausgeht, der „Appetit" darauf macht, als Christ zu leben.

Das Abendmahl, in unterschiedlichsten Formen, ist stärkendes Erlebnis für meinen Glauben. Es ist ein Ort, wo ich erlebe, dass Christus Gemeinschaft und Vertrauen stiftet.

Peter Goldammer, Diakon/Diplomsozialpädagoge, geboren 1937, verheiratet, wohnt im Ruhestand in Görlitz.

Ein Glas mit Rotwein

Licht scheint hindurch, es leuchtet wie Rubine. Ich rieche seinen Duft. Wein verbreitet eine festliche Atmosphäre, wohlige Entspanntheit, Fröhlichkeit. Wein im Glas verlangt nach Gemeinschaft. Einem guten Essen gibt er die besondere festliche Note. Dem Kraftlosen kann er Kräfte geben.

Die Bibel kennt den Wein als eine gute Gabe Gottes, er „erfreut des Menschen Herz". Als Frucht des Gelobten Landes wird er gerühmt. Bei der Hochzeit in Kana sorgt Jesus für besten Wein in vollen Krügen. Als Zeichen seines Blutes reicht er seinen Freunden einen Kelch, gefüllt mit Wein. Im Abendmahl feiern Christen Gottes Zuwendung.

Wann werde ich „Wein"? Wenn ich durch Klarheit, Offenheit und Ehrlichkeit für andere erkennbar bin. Wenn ich in einer Gemeinschaft lebe, die in Nöten zueinander steht, Kraftlosen Mut und Gottes Segen zuspricht, die fröhlich miteinander isst und trinkt, singt und betet, auf Gottes Botschaft hört. Das ist für mich christliche Gemeinde.

Peter Goldammer

„Und einmal nur am Tage ein Weilchen stille sein, und einmal nur am Tage mit deinem Gott allein. Das löst dir manche Frage, das lindert manches Leid. Dies Weilchen nur am Tage hilft dir zur Ewigkeit –."

Das ist mein Leitspruch. Schon als junge Frau habe ich ihn als Lebenshilfe empfunden. Jeden Tag in Ruhe eine kleine Weile Gottes Wort lesen, darüber nachdenken, und mich ihm im Gebet anvertrauen, das gibt mir Kraft für mein Tun und Lassen. Dabei fühle ich mich getröstet, wenn ich traurig bin. Ich fühle mich aber auch gestärkt und ermutigt und kann anderen diese Erfahrung weitergeben. Ich darf Gott beim Wort nehmen.

„Er kann alles, nur den nicht enttäuschen, der ihm vertraut –". Gottes Liebe ist zu allen Zeiten erfahrbar.

Sigrid Gilbert, Krankenschwester, Jahrgang 1937, verwitwet. Lebt mit Kindern und Enkeln in Schöpstal bei Görlitz.

Ostern 1956, morgens 5:45 Uhr. Mein Mann ist bei der Morgentoilette. Er will bei Sonnenaufgang mit dem Posaunenchor durch die Gemeinde fahren und mit Osterchorälen die Auferstehung Jesu verkünden. – Da klopft es.

Ein triefendnasser Mensch steht vor unserer Wohnungstür im Pfarrhaus. Ein Flüchtling aus Polen. Was tun? Zuerst die nassen Sachen vom Leib und hinein in unser noch warmes Bett. Mein Mann muss weg. Er lässt mich allein mit dem Fremden. Ist dies eine Zumutung? Aber er braucht Hilfe! Er bekommt etwas Warmes zu trinken, in der kleinen Küche wird eingeheizt zum Trocknen der Kleidung. – Aber niemand darf etwas merken! –

Wir gehen wie immer zum Gottesdienst. Der Pastor, der noch nichts von dem Flüchtling unter seinem Dach weiß, predigt von dem Gott, der alle Grenzen überwindet. Am Nachmittag machen wir einen Besuch bei den Schwiegereltern im Nachbarort. Der Flüchtling ist allein in unserer Wohnung und ist versorgt.

In der Nacht fahren ständig Fahrzeuge der Polizei ums Pfarrhaus. Viele Ängste sind da! – Den nächsten Tag nutzt mein Mann um dem Flüchtling, mit einem geliehenen Mantel, einem Fahrrad und einer Fahrkarte für die Eisenbahn, weiterzuhelfen.

Seine Bitte um eine Taufbescheinigung an das Pfarramt soll uns die Bestätigung geben, ob unser „Oster-Mensch" sein Ziel in der Bundesrepublik erreichen konnte.

Nach zwei Wochen kam der Mantel meines Mannes zurück und später die Postkarte an das Pfarramt. Wir waren sehr froh!

Eva Linke mit Ehemann Helmut

Eva Linke, Goldschmiedin und Katechetin, 1928 geboren, 1953 Hausmutter in der Vordiakonie des Martinshof und im Brüderhaus. Verheiratet, Mutter von acht Kindern, fünfundzwanzig Enkeln und zwei Urenkeln. Wohnt im Martinshof.

Wir haben eine Kiste gefunden da stand „Zukunft" drauf.
Was glauben Sie, haben wir sie geöffnet? Haben wir reingeschaut?

Was hätten Sie denn getan?
Natürlich zugelassen!
Wirklich?
Oder doch aufgemacht?
Was würden Sie hoffen zu sehen?
Den Morgen,
die Liebe,
den jungen Tag,
Geschenke,
Reichtum – alle Vorfreude hinüber.

Was würden Sie befürchten zu sehen?
Das Alter,
das Ende,
Abschied,
Krankheit – mit diesem Wissen leben.

Was glauben Sie,
haben wir die Kiste geöffnet und reingeschaut?
Ein einmaliges Angebot, gratis und völlig unverbindlich.
Natürlich haben wir reingeschaut. So eine Gelegenheit lässt man sich doch nicht entgehen!
Ach – Sie hätten die Kiste zugelassen? Respekt! Übrigens die Kiste war leer – Gott sei Dank!

Wir nehmen jeden neuen Tag als Geschenk und tragen unsere „Kiste" gemeinsam mit allem was wir darin finden. Und glauben Sie uns, es wird gut. Denn, wie Sie sehen können, stehen wir auf einem starken Felsen der uns trägt.

Cornelia Schmidt, geboren 1962, verheiratet
mit Lutz Reimann (Mitautor), beide wohnen
in Bernau. Sie ist Diakonin/Krankenschwester
und Kantorin, tätig in einer Klinik der
Hoffnungsthaler Anstalten.

Es ist 23.00 Uhr, ich sitze am Kaminofen, versuche mir auch die Seele zu wärmen.

Seit zwei Jahren hält es an, das Bangen, das Hoffen, die Rückschläge, der Zorn, die Hilflosigkeit, das Durchhaltenmüssen in der Sorge um die Tochter. Gott – was verlangst du von mir? Ich kann doch schon lange nicht mehr! Ich möchte endlich die Last abgeben und Luft holen, durchschlafen, nicht nur in halben Tagen denken!

Der Fernseher läuft – ablenken, damit nicht alle Sorgen wieder rund ums Kopfkissen sitzen! Ich sehe eine Frau im Rollstuhl – vorher lebenslustig, dann Unfall, gelähmt. 17 Monate harte Arbeit, um die rechte Hand heben zu können, um ein „Ja" hörbar herauszubringen.

Und ganz schnell sind sie wach, die Erinnerungen an die eigene Krankheit, das Flehen um den Erhalt beider Beine, das Glücksgefühl, die Zehen wieder bewegen, notdürftig alleine duschen zu können. – „Ich erinnere mich, Gott, wie ich oft dachte: ‚Wenn ich meine Gesundheit wiedererlange, dann mach ich alles andere mit links, alles!'" Ich gehe mit dem Gefühl einer tiefen Dankbarkeit ins Bett – ja, ich kann fast alles wieder tun, auch mit links. Ich bin fest entschlossen, den Mut dieser Frau, welche fünf Finger rühren, den Kopf bewegen und Ja sagen kann, mitzunehmen in meinen Alltag.

Vor dem Einschlafen bewege ich meine zehn Finger, spanne alle Muskeln an und freue mich, dass ich sie spüre. In großer Geduld auf die kleinen Fortschritte im Leben mit meiner Tochter achten – Gott – das muss doch mit dir und links zu machen sein – denn links sitzt mein Herz.

Barbara Opitz, Kinderdiakonin und Diplomsozialpädagogin, geboren 1959, verheiratet, zwei adoptierte Kinder, wohnt in Weißwasser. Engagiert in vielfältigen Aufgaben der Kirchengemeinde, Vorsitzende des „Eine Welt Verein", Weißwasser.

Wer malt hat mehr vom Leben
der sieht die Dinge ganz anders
vor allen Dingen das Licht
und der wartet schon bis die Sonne aufgeht
und der wartet wieder bis die Sonne untergeht.
Morgenrot, Abendrot …

Ich danke Gott, dass er mir die Freude am Singen und Malen mit auf den Lebensweg gegeben hat. Damit möchte ich auch anderen Freude bereiten.

Erna Roder
Geboren in Langhelwigsdorf/Schlesien, Frau eines Diakons und Pfarrers, Malerin in Kienitz/Oderbruch, lebte 1916–2007. Setzte sich mit der Malerei für den Erhalt ihrer Kirche ein. 1991 „Frau des Jahres der Mark-Brandenburg", September 2007 Ehrung mit der „Verdienstmedaille des Verdienstordens der Bundesrepublik Deutschland".

Ich will mir kein Bild machen von dir – Gott.
Und trotzdem will ich dich sehen,
mit dir reden, deine Meinung wissen,
dich fragen, warum soviel Elend passiert.

Und wenn ich dich suche, verbirgst du dich …

Aber ich hab dich vor kurzem entdeckt,
da warst du

(glaub ich)

im Sandkasten
im Spiel der Kinder.

Andreas Drese mit Ehefrau Anke und den
Töchtern Thea und Hannah

Andreas Drese, Diakon/Diplomsozialpädagoge,
Jahrgang 1958, verheiratet, zwei Kinder.
Vereinsvorsitzender/Ältester der Brüder- und
Schwesternschaft, Leiter der Bildungs- und
Begegnungsstätte im Brüderhaus Martinshof.

Die Wiederbegegnung

In guter Stimmung verließ ich die Klinik. Das Gespräch mit dem Arzt war positiv. Am Ausgang begegnete mir Carmen, die Partnerin meines Freundes. Sie arbeitet in der Psychiatrie. Wir entschlossen uns, uns in die Cafeteria zu setzen.

Plötzlich vernahmen wir ein lautes Streiten. Ein Mann schrie: „Ich springe!" Wir entdeckten einen jungen Mann, der an der Galerie in über zehn Meter Höhe kletterte. Er schrie wiederholt: „Ich springe, wenn ich nicht bleiben kann." Wir standen wie erstarrt. Ich wollte schreien: „Tu es nicht, halt, springe nicht!" Doch war ich wie gelähmt. Plötzlich sprang er, wie bei einem Kopfsprung. Ein dumpfer Aufschlag ließ uns erschauern.

Ein halbes Jahr danach erhielten wir die Anfrage, ob in unserer Wohnstätte ein Mann aufgenommen werden kann. Aus seiner Krankengeschichte ging hervor, dass er während der Suchtbehandlung einen Suizidversuch unternommen hatte. Durch seine schweren Verletzungen und ein langes Koma benötigte er nun intensive Assistenz.

Bald zog dieser Mann in unsere Wohnstätte. Wir erlebten bei ihm erstaunliche Entwicklungen. Bald konnte er in eine eigene Wohnung ziehen und dann wurde er sogar unser Mitarbeiter.

Ich ahnte nicht, dass es sich um den in die Tiefe gesprungenen Mann handelte. Gewissheit wurde es erst, als mich Carmens Freund besuchte.

Im August starteten Bewohner und Mitarbeiter zu einer gemeinsamen Ausfahrt. Jetzt wagte ich ihm die Geschichte unserer Wiederbegegnung zu erzählen. Unter Tränen lächelte er: „Da bin ich sozusagen zu dir gesprungen."

Steffen Randolph, Diakon/Diplomsozialpädagoge, geboren 1954, verheiratet, wohnt in Leipzig. Heimleiter einer Wohnstätte für psychisch kranke Menschen.

Unangemeldet standen sie vor unserer Tür, mittags kurz vor zwölf: Nichte Stephanie mit ihrer kleinen Tochter Klara! Sie waren auf der Durchreise. Stephanie verschwand im Arbeitszimmer. Klara trudelte ziellos durch die Wohnung, landete aber recht bald bei mir in der Küche. Ich versuchte, aus einem Essen für zwei eines für vier zu zaubern. Nach einer kleinen süßen Vorspeise für das Kind entspann sich zwischen uns ein Gespräch.

Klara erzählte wie es im neuen Kindergarten ist; davon, dass es schwer ist, Freunde zu finden. Sie kann sich gut ausdrücken. Immerhin ist sie fünf und ihre Mutter hat von klein auf viel mit ihr gesprochen.

Dann aber, seufzte sie: „Wir haben so viel gestreitet – ."

„Mit wem hast du denn gestritten?", frage ich.

„Mit Mama!"

Nach kurzer Pause empört, aber auch schon erleichtert: „Aber – sie fängt immer an!"

Zuerst musste ich lachen, aber dann dachte ich an die Geschichte vom Paradies. Adam wird nach dem Genuss der verbotenen Frucht von Gott zur Rede gestellt. Was antwortet er? „Die Partnerin, die du mir gegeben hast, die hat … "

Die Bibel – wie wunderbar – das Buch vom Menschen.

Brunhilde Petran mit ihrem Ehemann Christian

Brunhilde Petran, wohnt in Görlitz, geboren 1942, einst Buchhändlerin, jetzt Rentnerin mit Ehrenämtern.

Wir, die wir stark sind, sollen der Schwachen Gebrechlichkeit tragen und nicht Gefallen an uns selber haben. Röm. 15,1

Ludwig Schmidt mit Enkel

Ludwig Schmidt, geboren 1939, verwitwet. Als Fünfzehnjähriger kam er in den Martinshof, lernte Tischler, wurde Diakon und Krankenpfleger. Tätigkeit als Gemeindediakon in Niesky, Pflegedienstleiter im Diakoniewerk Martinshof. Wohnt im Ruhestand in Dresden.

„Wir, die wir stark sind, sollen der Schwachen Gebrechlichkeit tragen und nicht Gefallen an uns selber haben."

Das ist mein Konfirmationsspruch. Ich erhielt ihn mit dem Bildnis des Christopherus, der das Jesuskind sicher von einem Ufer zum anderen bringt.

Was mag meinen Pfarrer bewogen haben, mir dieses Wort mit auf den Lebensweg zu geben und dass er ihn von mir auswendig hören wollte? Vielleicht, weil er mir den Beruf des Diakons empfohlen hatte.

Dieses Wort hat mich in meinem Dienst seit über 40 Jahren begleitet. Im Gemeindedienst und besonders in der Diakonie war es mir immer wieder Mahnung und Richtschnur. Ich fühle mich auch heute getragen und darf Schwache verstehen und aufrichten. Das gibt mir Trost, Geborgenheit und Auftrag. Ich habe mit ihm leben gelernt. Es ist mir ein wertvolles Geschenk.

Tief Luft holen

Feierabend
die Gedanken gehen mit Bildern des Tages spazieren
ich bin k.o.
will abschalten
an anderes denken, mich ablenken, den Kopf frei bekommen.

Ich spiele auf der Trompete lange Töne
höre den Ton der kommen soll
ich kenne das Gefühl, dass ich aus dem ungeübten Ansatz
zu schönem Klang kommen kann
ich muss nur Geduld haben
viel Luft holen und lange ausströmen lassen
immer wieder
immer wieder
bis die Töne leichter anklingen
bis es Spaß macht zu spielen
die Musizierlust mit mir durchgeht
ein Stück nach dem anderen klingt
die Melodiebögen von Mal zu Mal leichter werden
im spielerischen Suchen mir Neues begegnet
die Freude ansteckt
ich Lust bekomme, anderen diese Neuigkeiten mitzuteilen
das macht munter.

Feierabend.
Das war eben gut.
Die Gedanken gehen mit neuen Bildern für morgen spazieren.

Gotthard Pissang, Diakon/Arbeitstherapeut/
Betriebswirt, geboren 1951, verheiratet,
wohnt in Görlitz. Mitarbeiter im Kulturservice
der Stadt, Leiter eines Posaunenchores.
Sein Anliegen ist es Brücken zwischen
der Kulturarbeit der Kommune und der
Kirchenmusik zu errichten.

Jäger und Gejagte

Nach kurzem Junigewitter fuhren mein Vater und ich auf die Pirsch. Auf dem Weg zu meinem Ansitz genoss ich die frische Luft, das Singen der Vögel, den Anblick von zwei Ricken mit ihren Kitzen.

Nach drei Stunden war es Nacht und ich wollte zurück. Ich entlud das Gewehr und stieg die Leiter hinab. Dort bemerkte ich ein leises Knacken, konnte es aber nicht orten; eine unheimliche Stille umgab mich. Die zu überquerende Wiese war mit mannshohem Gras bewachsen. Am Waldstück leuchtete ich den Weg ab. Da tauchten im Lichtkegel fünf Paar blitzende Äuglein von Frischlingen, allesamt noch im „Streifenanzug", vor mir auf. Was für ein Anblick und zum Greifen nah. Dann schoss es mir durch den Kopf – „Wo ist die Bache?" Im gleichen Moment schnaufte sie mir ins Ohr. Ohne zu denken, rannte ich los. Mit all den Utensilien einer Jägerin, dazu noch in Gummistiefeln. Ich stürmte durch den Wald, sprang über einen Graben und über die Bahngleise. Mein Sportlehrer wäre stolz auf mich gewesen.

Am Auto angekommen, bekam ich keinen Ton heraus. Vater schmunzelte: „Wo sind die Partisanen?" Ich schüttelte den Kopf, konnte nun wieder lachen und erzählte mein Wildschweinerlebnis. Die Wildsau hatte mich wesentlich eher bemerkt. Ihr Mutterinstinkt ließ sie bald wieder zu ihren Frischlingen zurückkehren.

Wie gut sind wir doch von Gott ausgestattet, mit all unseren Sinnen und Instinkten, ob Mensch oder Tier. Jeder hat das, was er zum Leben und auch zum Überleben braucht.

Katrin Weinert, geboren 1972, wohnt in Ebersbach bei Görlitz, Sekretärin im Brüderhaus des Diakoniewerkes Martinshof, passionierte Jägerin.

Gernot von Wolff mit Enkeltöchtern Lucie, Lydia und Andrea

Gernot von Wolff, Krankenpfleger, Jahrgang 1951, verheiratet, Großvater von vier Enkeln. Lebt in Dessau.

Der erste Brief ohne Hilfe:

Liebe Oma

*ich schreibe dir
einen Brief
ich liebe dich
gib Opa einen Kuss.
Ich habe gestern Mittag
gekocht. Deine Lucie.*

„Enkelkinder sind Gottes Belohnung fürs Elternsein." Wir sind glücklich und dankbar für die Entwicklung unserer Enkelkinder.

„Er wird deinen Fuß nicht gleiten lassen, und der dich behütet schläft nicht." „Jesus streckte sogleich die Hand aus und ergriff ihn und sprach zu ihm: Du Kleingläubiger, warum hast du gezweifelt?"

Diese Bibeltexte lassen meine Erinnerung an den Tag im Juni 47 aufleben. Ich betrat zum ersten Mal den Martinshof in Rothenburg.

Hinter mir lagen sechsundzwanzig Lebensjahre. Im Februar 1941 wurde ich Soldat. Krieg, Gefangenschaft in Sibirien bis August 1946, dort mein schwerer Grubenunfall.

Vom Heimkehrerlager bei Templin, fragte ich bei Pastor Zitzmann, dem Leiter des Martinshofes an: „Ich möchte Diakon werden." Seine Antwort: „Komm!"

Vorzuweisen hatte ich nur die Sehnsucht, von Gott Antwort auf meine Riesenfragen zu bekommen: Krieg, Gefangenschaft, Invalidität, Heimatlosigkeit. Antwort, die meinem Leben Sinn und Inhalt geben sollte. Ich wollte es wieder lebenswert finden.

Durch den ständigen Umgang mit Gottes Wort und die Aufnahme in diese Gemeinschaft fand ich „den Grund, da ich mich gründe." Gottes Geist machte mich wieder lebendig.

Vierunddreißig Jahre lang konnte ich meinen Dienst als Diakon ausüben und gemeinsam mit meiner Frau die Liebe Gottes den Menschen nahe bringen. Dankbar kann ich jetzt im Alter beten: „Herr, lass mich nie vergessen, was wir Niederlage nennen, kann dein Versuch sein, uns zu retten."

Ich weiß, das ist meine Wahrheit, die ich suchte. Gott sei Dank.

Diese Erfahrung möchte ich als Lebenshilfe Lesern weitergeben, die nach einer gültigen Antwort für ihr Leben suchen.

Oskar Feige mit Ehefrau Johanna

Oskar Feige, Gemeindediakon und Pastor in der Kirchengemeinde Rothenburg. Geboren 1921 in Steinseiffen am Riesengebirge. Schulzeit und Jugend bei Liegnitz/Schlesien, lebt im Ruhestand im Diakoniewerk Martinshof.

Auf welcher Seite?

Ich hatte ihn noch einmal besucht, meinen Freund in der Psychiatrie. Seit Wochen litt er unter schwersten Depressionen. Heute war für ihn wieder ein schwieriger Tag mit Suizidgedanken und Weglauf-Wünschen.
Also hatte ich meinen Abendspaziergang zu ihm verlegt, war freundlich vom Personal zum Spieleabend eingeladen worden. Dann eine Abendrunde mit ihm durch das Klinikgelände. Etwas wackelig auf den Beinen nach einer hohen Dosis Psychopharmaka, aber die Gedankenwelt heller und positiver als tagsüber.

Dann saßen wir in großer Runde hinter dem Klinikgelände. Ein herrlicher Frühsommerabend, an dem es einfach nicht kühl wurde – und bliesen unsere Rauchwolken in den Dämmerhimmel: Eine illustre Gesellschaft aus Trinkern, Ausgeflippten, Durchgeknallten, Depressiven, Lebenskünstlern.

Was meine Arbeit wäre, will einer wissen, und was ein Diakon macht, und ob ich ihn auch betreuen würde?

Ich erkläre, er fragt zurück, ich antworte. Ich per Sie, er per Du – drei Sätze halte ich's aus, dann duzen wir uns. Plötzlich hören alle intensiv zu, fragen weiter, nicken, schütteln den Kopf. Ein wunderschöner Frühsommerabend, an dem es einfach nicht kühler werden will.

Immer wieder mal taucht in mir die Frage auf, auf welcher Seite ich eigentlich stehe?

Es sind nicht die Erfolgreichen und Sauberen, sondern die, denen ich an diesem Abend meine letzten Zigaretten verschenke, bevor ich heimgehe.
Ein wunderschöner Frühsommerabend.

Torsten Schönfelder mit Familie

Torsten Schönfelder, Diakon / Heilerziehungspfleger, Jahrgang 1969, verheiratet, Vater für fünf Kinder, wohnt in Görlitz. Arbeitet als gerichtlicher Betreuer.

Mittag

Schon wieder Mittag
schon wieder der halbe Tag vorbei!
Habe ich heute schon gelebt
oder nur funktioniert?
Schon wieder Mittwoch
schon wieder die halbe Woche vorbei!
War diese Woche wirklich nötig
was bleibt, wenn es vorbei ist?

Halber Tag, halbe Woche
halbes Leben?
Irgendwann, ganz vorbei!
Wann ist die Hälfte erreicht
wie viel Rest bleibt?

Egal, Hauptsache ist
die Hauptsache ist die Hauptsache!

Aber welche Prioritäten habe ich?
Apfelbäumchen pflanzen
überlieben – statt überleben und
natürlich hilft beten
und die Bereitschaft
mich in den Dienst
nehmen zu lassen von – ihm –
der höher ist als all unsere Vernunft.

Matthias Piel, Diakon und Diplomsozialarbeiter in der Sozialpädagogischen Familienhilfe. Wohnt in Pirna-Liebethal, Jahrgang 1961.

Wie ich wurde was ich bin

Vierzehn Jahre war ich, als ein älteres Gemeindeglied an der Tür stand und fragte: „Johannes, würdest du im Posaunenchor anfangen, ich soll für mich Ersatz suchen."

Da stand ich nun: Tischlerlehrling im ersten Jahr, hatte Fußball aufgegeben, weil die Spiele am Sonntag in der Gottesdienstzeit waren und wurde für den Posaunenchor geangelt. Ich konnte nicht nein sagen. Am Montag ging ich zur ersten Übungsstunde. Der Posaunenwart leitete den Aufbauchor mit vier Jungbläsern. Er gab mir eine Posaune. Nach einem Jahr gestaltete unser Grüppchen eine Feierstunde. Drei Jahre später folgte für mich die Chorleiterschule. Mit achtzehn Jahren übernahm ich die Nachwuchsarbeit für den Chor.

Nach einer Freizeit fragte mich der Posaunenwart, ob ich mir vorstellen könnte seinen Dienst zu übernehmen. Dazu müsse ich die Diakonenausbildung absolvieren und den Abschluss in der Kirchenmusik erwerben. Ich erbat mir Bedenkzeit. Eine Woche danach sagte ich zu. Nach der Bausoldatenzeit begann ich mit der Diakonenausbildung, der folgte meine Einsegnung zum Landesposaunenwart.

Im Rückblick sehe ich meinen Lebensweg gezeichnet von der Führung Gottes, deshalb: „Lobe den Herrn meine Seele, und vergiss nicht, was er dir Gutes getan hat."

Bernd-Johannes Alter und Ehefrau Ingeborg

Bernd-Johannes Alter, seit 1974 Diakon und Landesposaunenwart im Görlitzer Kirchengebiet. Geboren 1944, verheiratet, wohnt in Görlitz/Ludwigsdorf.

Meine Tochter hat mich gebeten, am Freitag zwei Kinderfahrräder ihrer Töchter in eine Werkstatt zur Durchsicht zu bringen. „Da die Fahrräder für den Kindergeburtstag bis Montag fertig sein sollen, gehe bitte gleich um acht Uhr hin!" So meine Tochter.

Ich schleppe also die Fahrräder einen halben Kilometer zum Laden. „Heute erst ab 10 Uhr geöffnet." Kein Fahrradschloss dabei. Keine Möglichkeit, sie irgendwo unterzustellen. Verärgert bugsiere ich die Räder wieder nach Hause.

Der Fahrradflicker hat gestern irgendwo gefeiert, denke ich, und jetzt kommt der nicht aus den Federn. Und ich habe jetzt die zusätzliche Mühe. Nachsichtiger: Vielleicht war er früh beim Arzt. Egal was für ein Grund. Nun muss er erst recht bereit sein, die Räder so schnell wie möglich durchzusehen.

Später im geöffneten Laden. Der Macker einsilbig, freudlos das Gesicht. Ich halte mich mit der Kritik zurück. „Bis Montag Mittag, das ist nicht so einfach. Da müsste ich sie gleich Montag früh durchsehen." Ich spüre, dass ich nicht ein von ihm ersehnter Kunde bin. Lust- und freudlos wirkt er. „Auf welchen Namen geht das?" „Nounla, meine Tochter." „Ach die junge Frau, die war schon mal bei mir." „Sie war offensichtlich mit Ihnen zufrieden, sonst würde sie nicht schon wieder die Fahrräder von Ihnen in Ordnung gebracht haben wollen." – Er lächelt.

Herr, mein Gott, gib mir ab und an Nachsicht mit anderen Menschen, denn ich bedarf auch ihrer Nachsicht. Amen.

Reinhard Beck, Geboren 1940, zweifacher Großvater, 1959–1981 mit kurzen Unterbrechungen Diakon im Martinshof. Lebt seit 1981 in Halberstadt.

Lebe dein Leben

Von einem Adler, der jung gefangen, mit Hühnern aufwächst und sich wie ein Huhn verhält, erzählt eine Geschichte aus Afrika. Nie lernt er den Lebensraum und Horizont eines Adlers, mit seinen Höhen und Weiten, kennen. Ein Huhn kann hier sein Leben sinnvoll leben. Der Adler lebt an seinem Leben vorbei. Seine Gaben und Fähigkeiten verkümmern, er fliegt nicht.

Ein Vogelkundler ist davon überzeugt, dass der Adler tief in seinem Innern ein Adler geblieben ist. So gelingt es ihm, den Adler, weitab vom Hühnerhof, zum Fliegen zu bringen und dessen Sehnsucht nach eigenem Leben zu wecken.

Wie oft fühle ich mich am falschen Platz und kann mich nicht entfalten?
Wie oft fehlt mir die Kraft, mich aus Bindungen zu befreien, die für mein Leben nicht förderlich sind? Es ist manchmal schwer artgerecht zu leben. Als Ebenbild des Schöpfers bin ich Mitschöpfer. Damit unterscheide ich mich vom Adler.

„Lebe dein Leben" heißt für mich, erkenne die dir gegebenen Chancen und nutze deine Gaben. Sei dir bewusst, dass du Ebenbild Gottes, Mitschöpfer bist und damit eine besondere Verantwortung hast. Dabei brauche ich, wie der Adler, einen Begleiter der ins Leben führt.

Burkhard Wittig mit Frau Cecile und deren Kindern

Burkhard Wittig, Diakon/Betriebswirt, Personalleiter im Martinshof. Geboren 1965, lebt in Rothenburg.

„Die Hummel – hat 0,7 cm² Flügelfläche bei 1,2 g Gewicht. Nach den Gesetzen der Aerodynamik ist es unmöglich bei diesem Verhältnis zu fliegen. Die Hummel weiß das aber nicht und fliegt trotzdem."

Während einer Sitzung in einem Behördenzentrum las ich den an der Wand hängenden Spruch, der mich sehr amüsierte und immer mehr beschäftigt. Ich habe ihn aufgeschrieben und er liegt in meinem Kalender, so dass immer wieder mein Blick darauf fällt.

Wie sehr lassen wir uns davon leiten, dass alles perfekt sein muss. Im Vorfeld wird alles abgecheckt, um ein Risiko auszuschließen oder wenigstens klein zu halten. Wir können alles berechnen und treffen daraufhin unsere Entscheidungen, immer auf Nummer sicher.

Neben den großen Schöpfungswundern hat Gott die kleine Hummel erschaffen, die uns mit unserem Wissen überlistet und einfach fliegt. Gott hat das gewollt.

Warum können wir nicht einfach darauf vertrauen und manche Ereignisse gelassener nehmen? Die Hummel jedenfalls fliegt, obwohl es gar nicht gehen dürfte. Wer traut sich noch zu behaupten, dass die Hummel nach den Berechnungen überhaupt nicht fliegen kann?
Ich wünsche mir, dass wir uns immer wieder überraschen lassen, auch an ganz normalen Tagen, so wie heute, am Mittwochmittag.

Renate Stiehler, Diakonin/Beraterin, Jahrgang 1951. Beschäftigt im Diakonischen Werk Henneberger Land als Leiterin der Beratungsstelle für Menschen in Schwangerschaftskonflikten.

Tsunami-Andacht

*Wir haben viel verloren
und fangen wieder von vorn an –
mit der Kraft des Glaubens.
Das, was wir geschafft haben,
erfüllt mein Herz mit Freude.*

„Tsunami-Lied" aus Sri Lanka, P. Terrence.

Hunderttausenden Menschen hatte die Flut 2004 den Tod gebracht. Die Überlebenden standen obdachlos und traumatisiert vor den Resten ihrer Existenz.

Pater Terrence, Priester in Negombo, Sri Lanka, hatte nach dem Tsunami einen „Traum". Es sollte ein Zentrum für Menschen in psychosozialer Not und für Arme entstehen. Sein Traum wurde wahr, dank vieler Unterstützer aus meinem Heimatort. Traumatisierte werden getröstet und Hungrige gespeist; Waisenkinder bekommen eine Schulbildung; Behinderte – die er liebevoll „Menschen mit anderen Fähigkeiten" nennt – erhalten eine berufliche Ausbildung.

Nun war er mein Gast. Er berichtete von den wöchentlichen Tsunami-Andachten. Zehntausende Menschen – Christen, Hindus, Muslime, Atheisten – kommen unter freiem Himmel zusammen, gemeinsam wollen sie sich erinnern, beten und sich mit Liedern den Schmerz von der Seele singen. Diese Andachten, die neue Hoffnung und Mut geben, bewegen mich.

Andreas Görlitz und Familie

Andreas Görlitz, Diakon/Diplomsozialarbeiter, Sozialtherapeut in einer Suchtfachklinik. Geboren 1968, wohnt in Großenhain. Vorsitzender des „Eine Welt für alle Verein Großenhain" – dem Projektpartner von Pater Terrence.

Am Spielplatz

Wenn
ich mir
die Welt
"so"
betrachte,
dann
stehen mir
die Haare
zu Berge.

Wolfgang Schröder und Frau Jutta

Wolfgang Schröder, Diakon im Ruhestand, Jahrgang 1935, wohnt in Berlin.

Urlaubsfahrt durch Rumänien

Vor einer Markthalle halten wir, denn unsere Kinder wollen trinken und wir brauchen Brot. Sofort sind wir von einer großen Zahl Kinder mit schwarzen Haaren und dunklen Augen umringt. Ich schließe das Auto ab und lasse den Schlüssel in die Rocktasche meiner Frau gleiten. Der Einkauf ist erledigt, jedoch fehlt der Schlüssel für den Wagen.

Es folgt eine Suchaktion in der Kaufhalle, davor, auf der Straße. Die Hektik steckt an, bald suchen Verkäuferinnen und Einheimische mit. Alles ergebnislos.

Wir hocken zermürbt vor unserem Auto. Der Zweitschlüssel liegt im Handschuhfach, aber muss ich wirklich eine Scheibe einschlagen? Wo wird die instand gesetzt? Da können wir gleich heimfahren! „Jetzt hilft nur noch beten!" Unsere Kinder verstehen und wir falten die Hände.

Die Rettung naht in Gestalt von zwei Menschen. Trotz der Sprachbarriere verstehen wir: Die Frau hat beobachtet, wie Kinder mit einem Autoschlüssel versuchten, Autos zu öffnen. Der Mann hat den Kindern den Schlüssel abgenommen. Und nun bringen sie ihn uns und fragen, ob es der Gesuchte sei. Na klar, er ist es.

Dankbar öffnen wir unser Auto und verschenken von unserem Reiseproviant.

Ingomar Alter, geboren 1942, Diplomingenieur, Technologe in sozialistischen Großbetrieben. Ab 1992 im Diakoniewerk Martinshof Rothenburg für Investitionen, später in der Öffentlichkeitsarbeit tätig.

Das Gemeindehaus ist durchsichtig. Das ist das Besondere an ihm. Es hat geschlossene Räume und wirkt doch offen. Ist es am Abend beleuchtet, fällt Licht in seine Umgebung. Nicht nur ein Lichtstrahl, das ganze Haus leuchtet von innen heraus.

Ein Beispiel für Christen, wenn wir an das Wort Jesu denken: „Ihr seid das Licht der Welt." Leuchten wir von innen heraus? Fällt Licht von uns in unsere Umgebung, auf Menschen um uns?

Ich wage für mich keine spontane Antwort. Die Antwort erfolgt, wenn andere durch mich, durch unser Leuchten einen Weg finden, einen Weg zu einem sinnerfüllten Leben.

Bei der Einweihung des Gemeindehauses der katholischen Gemeinde in Ringschnait überbrachte ich die Grüße der evangelischen Kirchengemeinde. Dieses Haus wurde mir zum Bild für Gemeinde und Christsein.

Waldemar Schulz mit Frau Rosemarie

Waldemar Schulz, Diakon und Pfarrer, geboren 1931, tätig als Landesposaunenwart, später Gemeindepfarrer bei Görlitz. Lebt im Ruhestand in Biberach an der Riß.

Ein Rentnerehepaar sitzt auf einer Bank im herrlichen Sonnenschein, mit dem Blick auf die Weite der Ostsee. Meine Frau liebt das Meer.

Ist es die Weite des Blickes? Ist es die Verbundenheit mit dem Element Wasser, der Ursprung allen Lebens? Oder ist es die Erinnerung an das Reinigen und Erneuern durch die Taufe? Ich weiß es nicht, aber ich will bei ihr sein am Meer!

Es ist ein Tag im September. Unter uns pfeift der „Rasende Roland", die Rügenbahn. Ich vergleiche seine Fahrt mit der Fahrt durch's Leben! Mit all' seinen Höhen und Tiefen, mal mit Volldampf oder nur mit letzter Kraft, weil die „Kohle" zur Neige geht. Mir ist dabei Kraftquelle mein Konfirmations- und unser Trauspruch: „Ich bin ein zerbrechliches Gefäß, doch alle meine Kraft kommt von Gott."

Und das Ziel? Für mich ist es Jesus! Er wartet an der Endstation und wird fragen: Wie hast du dein Leben verbracht? Hast du ein paar Menschen froh gemacht? Hast du auf mich vertraut?

Heinz Pohl mit Ehefrau Erika

Heinz Pohl, Diakon und Heimleiter, Jahrgang 1932, mit seiner Frau, Hauseltern in Grünheide bei Berlin, Perleberg und Görlitz. Mitarbeit in Dresden. Gemeinsamer Ruhestand in Görlitz.

Ich fotografiere alles, was mir gefällt.

Betrachte ich meine Fotos, sind es oft sehr kleine und auf den ersten Blick unauffällige Dinge, die mich faszinieren. Erst beim längeren Hinsehen werden sie erkennbar.

In kleinen, oft unscheinbaren Dingen, das Wunderbare zu entdecken heißt für mich, das Wunder der Schöpfung erkennen und begreifen.

Das Fotografieren ist für mich auch eine Möglichkeit, einen Augenblick festzuhalten. Damit ich ein gutes Foto erhalte, muss ich zur richtigen Zeit am richtigen Ort sein, denn oft hat sich in einer Sekunde das Licht verändert und es entsteht ein vollkommen anderes Bild.

So ist es auch im Leben: Zur rechten Zeit – am rechten Ort – das richtige Tun. „Jedes Tun hat seine Zeit."

Ilona Reif, Jahrgang 1949, verheiratet, Diakonin, Kauffrau, wohnt in Albrechts bei Suhl. Weitere Hobbys: Malen, vielfältige kunsthandwerkliche Tätigkeiten.

„Herr, es ist Zeit.
Der Sommer war sehr groß …"

              Rainer Maria Rilke

Berühren dich diese Worte
auch noch so wie mich?

Lyrik voller
Poesie und Wärme.

Nimmst du manchmal so
ein Bändchen in die Hand,
von Rainer Maria Rilke oder Theodor Storm
oder Heutigen wie Eva Strittmatter oder auch Rainer Kunze,
dessen „Bittgedanken"
mich jedes Mal zum Weinen bringen?

Manchmal lesen wir uns
gegenseitig diese Verse vor.

Vielleicht steht ja auch in deinem
Bücherregal noch ein Gedichtband großer Poeten.

Ich jedenfalls würde ihn ganz nach vorne stellen,
jederzeit griffbereit, wenn ich etwas für die Seele brauche.

Barbara Hemmann-Jawerka mit ihrer Mutter

Barbara Hemmann-Jawerka, Altenpflegerin, Jahrgang 1960, verheiratet, drei Töchter, lebt in Briesen/Spreewald.

Für Berufsarbeiter in Kirche und Diakonie

Pastor Martin von Gerlach, lebte von 1860 bis 1929. Mit Diakonen des Diakonenhauses Kraschnitz bei Breslau gründete er 1898 die „Anstalt Zoar" (später Martinshof) und eine eigenständige Diakonenbrüderschaft in Rothenburg, Oberlausitz.

Mit Kirchenbann soll belegt sein:
Wer eine Kasse selbst führt,
wer die Nacht zum Tag macht,
wer nicht mehr mit seinen Kindern spielt,
wer aus Zeitgeiz nicht an die See oder in die Berge will,
wer sich für unentbehrlich hält,
wer sich keine Stellvertreter erzieht,
wer sich immer gleich ärgert,
wer kleinlich wird,
wer kaum noch zu sprechen ist,
wer bei allem dabei sein will,
wer sich aus Ehrgeiz etwas auflädt.

„Die Gefahr der Überlastung": Thesen für die Tagung theologischer Berufsarbeiter der Inneren Mission in Schandau vom Mai 1904.

Ein Wort Jesu begleitet mich seit meiner frühesten Kindheit. Es steht in goldener Schrift am Altartisch der Kirche meines Geburtsortes.

„Kommet her zu mir alle, die ihr mühselig und beladen seid; ich will euch erquicken."

Ich hatte ihn im Gottesdienst immer vor Augen, so bei Festgottesdiensten und traurigen Anlässen. Als ich an meinem Ausbildungsort in die Kirche ging, erlebte ich eine Überraschung: Am Altar stand das gleiche Wort.

In meiner Kindheit und Jugend konnte ich mit den Begriffen „mühselig und beladen" wenig anfangen, sie waren für mich ohne Bedeutung. Und doch hat der Spruch immer einen positiven Einfluss auf meine Beziehung zu Gott gehabt. Er gab mir das Gefühl, egal was kommt, Gott ist immer bei mir.

Später, als Situationen in meinem Leben eintraten, die mich an Gottes Gerechtigkeit zweifeln ließen und schwer zu bewältigen waren, bekamen diese Worte eine erweiterte Bedeutung. Ich habe Gottes Führung erlebt.

Bis heute höre ich aus diesem Wort, dass Gott mich einlädt, zu ihm zu kommen. Egal wie schwer die Last ist, die ich zu tragen habe, sie wird nicht unerträglich werden. Er ist mit mir und darauf will ich vertrauen.

Gunter Kern, Heilerziehungspfleger/Diakon, geboren 1962 in Sohland/Spree, verheiratet, lebt in Großhennersdorf/Sachsen. Arbeitet in der Betreuung behinderter Menschen.

Kannst du denn nicht hören?!

Wer kennt diesen Vorwurf nicht aus seiner Kindheit? Hören ist einer unserer ganz besonderen Sinne. Ich verstehe es im umfassenden Sinn, als Wahrnehmen meines Gegenübers, egal, ob durch Worte, Mimik oder Gestik. Hauptsache es geht ins Herz.

Hören hat für mich zwei Seiten: Annahme und Verstehen.

Dort, wo ich arbeite, sollen Normalhörende und Hörgeschädigte voneinander lernen und aufeinander hören. Ob mit Defiziten und Geräuschen im Ohr oder auch nicht. Wichtig ist es mir, dass ich mich auf mein Gegenüber konzentriere und eine Beziehung zu ihm aufbaue. Wenn das gelingt, kann ich getrost mein Anliegen auch öfter wiederholen. Ich begegne damit dem Hörgeschädigten so, wie er dessen bedarf. So gelingt Kommunikation, wir verstehen einander und reagieren angemessen.

Ich denke, Gott hat uns diesen Sinn des Hörens geschenkt, damit wir seine Annahme und sein Verstehen, die er uns entgegenbringt, an unseren Nächsten weitergeben. Nutzen wir diese Chance und „hören einander gut zu".

Dr. Matthias Müller mit Frau Angelika

Dr. Matthias Müller, Jahrgang 1956, verheiratet, wohnhaft in Markersbach/Erzgebirge. Dozent, Geschäftsführer und Diakon in der Schwerhörigen-, Ertaubten- und Körperbehindertenarbeit. Hobbys: Posaunenchor, Orchideenzucht, Autos.

Konzentriert sitzt mein zweijähriges Patenkind auf dem Fußboden – vor sich einen großen Plastikwürfel, in dem sich verschiedene „Löcher" befinden. Durch diese Löcher passen nur die entsprechend geformten Gegenstände, die um sie herum verstreut liegen. Immer wieder will sie die Kugel durch das Viereck stecken – aber es geht nicht. Bis sie auf die Idee kommt, einen anderen Stein zu probieren. Und dann – endlich – geschafft: Die Kugel fällt durch die Rundung. Sie strahlt mich an; und ich freue mich mit, klatsche in die Hände.

Sich mitfreuen können, wenn einer anderen nach langer Anstrengung etwas gelingt – das tun wir viel zu selten. Und wie gut, wenn der eigene Erfolg andere zur Mitfreude veranlasst, wenn eine mir sagt: Das ist dir aber gut gelungen! Das hast du prima hingekriegt! Ich freue mich mit dir!

Gott freut sich, wenn uns etwas Gutes gelingt, vielleicht auch nach großer Mühe, nach Rückschlägen, in aller Unvollkommenheit. Wir sollten diese Freude Gottes an uns nicht gering achten, sondern sie zum Anlass nehmen, Gutes zu tun, Liebe zu üben und bei allem uns selbst nicht zu überschätzen und zu überfordern.

Pfarrerin Petra-Edith Pietz, Jahrgang 1957, verheiratet, zwei erwachsene Kinder, Vorstand der Stiftung Diakoniewerk Martinshof seit April 2007.

Mein Elternhaus

Ich erinnere mich noch sehr genau an einen Wiederholungstraum, der mich vor einigen Jahren sehr beunruhigte: Ich sah mich in meine Schulzeit versetzt und ging mit Schulkameraden nach Hause. Einer nach dem anderen verabschiedete sich und ging zu seinem Wohnhaus. Als ich dann in die Straße abbiegen wollte, in der ich als Kind wohnte, fand ich das Haus nicht. Ich hatte kein Zuhause mehr.

Ich wusste nun, welche Frage mir mein Leben stellte: Gibt es für mich ein ewiges Zuhause oder habe ich diese Heimat verloren? Es gibt im Evangelium Texte, in denen davon die Rede ist, dass Menschen nicht das ewige Heil finden, sondern draußen bleiben müssen.

Ich will den Ernst dessen nicht übersehen: Ich kann durch mein Verhalten, durch meine Lebens- und Denkweise Jesus verlieren. Mit ihm verliere ich auch die ewige Heimat.

„Weit ist die Pforte und breit der Weg, der ins Verderben führt, und es sind viele, die auf ihm gehen. Eng ist dagegen die Pforte und schmal der Weg, der zum Leben führt und nur wenige sind es, die ihn finden."

Diese Worte gehen mir nach. Sie wollen mir helfen, den schmalen Weg zu gehen und das ewige Heil zu finden. Denn: „Es ist kein anderer Name unter dem Himmel den Menschen gegeben, durch den wir gerettet werden sollen."

Dietwald Frenzel mit Frau Renate

Dietwald Frenzel, Jahrgang 1938, 1960–1980 Gemeindediakon, bis 2000 tätig als Pfarrer in Spremberg, jetzt im Ruhestand.

November 89, mein Tag nach dem Mauerfall

Mit dem Diakonenkurs bin ich auf dem Weg zum Hochwald. Wir sind wohl die Einzigen die nicht 'gen Westen wandern. Nebel umhüllt den Berg, Raureif bedeckt die Sträucher. Auf dem Weg bricht die Sonne durch den Dunst. Unterhalb des Gipfels liegt eine weiße Wolkendecke, von einigen Nachbargipfeln durchbrochen. Ein strahlend blauer Himmel über uns und herrlicher Sonnenschein. Bilder fallen mir ein: Jesu Himmelfahrt, Moses Blick vom Berg auf das Gelobte Land.

In der Wendezeit und der Zeit danach, wurde mir das Erlebte zum Symbol: Wir stiegen sozusagen aus der vernebelten Vergangenheit auf und erwarteten die Freiheit. Und wir bekamen noch mehr: Die Demokratie und die aktive Mitgestaltung.

Und heute? Viele wollen davon nichts mehr wissen und mauern sich ein. Sie lassen den Kopf hängen, sind in sich gefangen und warten auf eine andere Freiheit.

Über dem Hochwald habe ich es als einen Hinweis Gottes erlebt: Vor dem blauen Hintergrund kreuzten sich die Kondensstreifen zweier Flugzeuge. Dieses Bild eines Kreuzes erinnert mich noch heute daran, dass Jesus mehr als Freiheit und Demokratie in mein Leben bringen will.

Bilder und Lieder begleiten jeden meiner Lebensabschnitte.

Andreas Cosmar mit Ehefrau Angelika

Andreas Cosmar, Diakon, Jahrgang 1961, Heimleiter im Altenpflegeheim Bismark/Altmark, stellvertretender Bürgermeister, Triathlet und Paartänzer. Engagiert in Rumänienhilfe und Kirchenchor.

Es ist Sonntagabend. Mit anderen Mitgliedern des Gospelchores stehe ich im Eingangsbereich der Kirche. Einige Konzertbesucher suchen das Gespräch mit uns. Das Gospelkonzert zum 1. Advent ist vorüber. Ich bin etwas müde und zugleich innerlich erfüllt. Es lief alles gut. Die Kirche war voll, die Stimmung ausgezeichnet.

Eine junge Frau flaniert zwischen uns, schaut uns an als ob wir uns schon lange kennen. Ich erkenne sie wieder als eine Person aus der Gruppe behinderter Menschen, die in einer der vorderen Reihen saßen. Da stößt sie mich mit dem Arm an und sagt unverblümt: „Das nächste Mal könnt ihr mal was Neues singen". Und schon ist sie weitergegangen.

Auf dem Heimweg geht mir die Begebenheit nach. Im Nachsinnen wird mir deutlich, sie wollte sagen: „Ich kenne euch und eure Lieder, ich hätte gern mitgesungen, würde gern zu euch gehören."

Das ist es! Anteil haben, dazu gehören. Im Chor von Gottes Gnade singen – andere anrühren, mitnehmen, Gemeinschaft erleben. Das ist der Grund ihrer Äußerung und meines Erfülltseins.

„Kirche" heißt für mich: Gemeinsam Unterwegssein. Die Sorge um das Ergehen des anderen steht für mich im Vordergrund. Dies ist meine Motivation zum Diakonsein. Trotz Enttäuschungen in dieser Kirche, ist mir die Sehnsucht geblieben, dass Gott Gemeinschaft werden lässt.

Andreas Meis mit Enkeltochter

Andreas Meis, geboren 1952, Diakon und Sozialtherapeut für an Demenz erkrankte Menschen und deren Angehörige in Haldensleben.

Sorge, aber sorge nicht zu viel …

Als ich fünf Jahre war, wohnten wir zu viert in einem winzigen Haus. Dort wohnte auch Oma Ida. Sie war klein und rund, hatte schneeweiße Haare. Zu einem kleinen Zopf geflochten, steckte sie sie mit Haarnadeln zusammen.

Als ich in die erste Klasse kam, klopfte ich jeden Morgen an die Tür von Oma Ida. Noch im Nachthemd öffnete sie mir. Sie hatte einen großen Spiegel. Rund herum waren Fotos geklebt. Kinder, alte und junge Menschen. Ihre Verwandten. Oma Ida kam aus Riga. In beiden Weltkriegen war sie auf der Flucht. Eines ihrer Kinder hatte sie in einem Eisenbahnwaggon geboren. Und nun hatten die Kriege ihre ganze Familie verschlungen. Alle waren tot.

Über ihrem Bett hing ein Wandbehang: „Sorge aber sorge nicht zu viel, es geschieht alles so wie Gott es will." Graues Leinen und in Orangetönen die Schrift gestickt. Diese Frau, mit diesem Schicksal, und dann dieser Spruch! Sie hat nie laut gelacht, aber sie war nicht verbittert. Sie war gütig und interessiert an mir. Jeden Sonntag ging sie in die Kirche. Wenn ich krank war, blieb sie tagsüber bei mir. Irgendwann zog sie dann ins Altersheim. Ab und zu sahen wir uns. Sie starb, als ich Studentin war.

Trotz ihrer Trauer hat sie ihren Glauben nicht verloren. Er hat sie gehalten und getragen durch furchtbare, schwierige und auch gute Zeiten. Sie konnte ihr Leben weiterleben und ein Segen für andere sein. Und der Spruch, über dem Bett von Oma Ida begleitet und trägt mich, so als ob sie ihn mir vererbt hat.

Christiane Rößler, geboren 1958, verheiratet, wohnt in Frankenthal. Als Altenpflegerin und Diakonin tätig in der Sozialarbeit mit Senioren.

Der Familienpatriarch hat seinen 90. Geburtstag.

Auch die dreijährige Urenkeltochter kommt zum Gratulieren.

„Opa, du kannst dich freuen, denn du stirbst bald", sagt sie in ihrer kindlichen Unbefangenheit.

Die ganze Geburtstagsgesellschaft hält die Luft an.

Doch das Mädchen spricht weiter: „Dann kommst du in den Himmel zum lieben Gott!"

In der Arbeit mit Kindern fällt mir auf, wie ursprünglich und selbstverständlich Kinder ihren religiösen Glauben äußern und wie befreiend das für Erwachsene sein kann.

Dorothee Heinke, Jahrgang 1958, verheiratet, Mutter von vier Kindern. Diakonin und Gemeindepädagogin in der Kinder- und Jugendarbeit der Kirchengemeinde Burg Stargard.

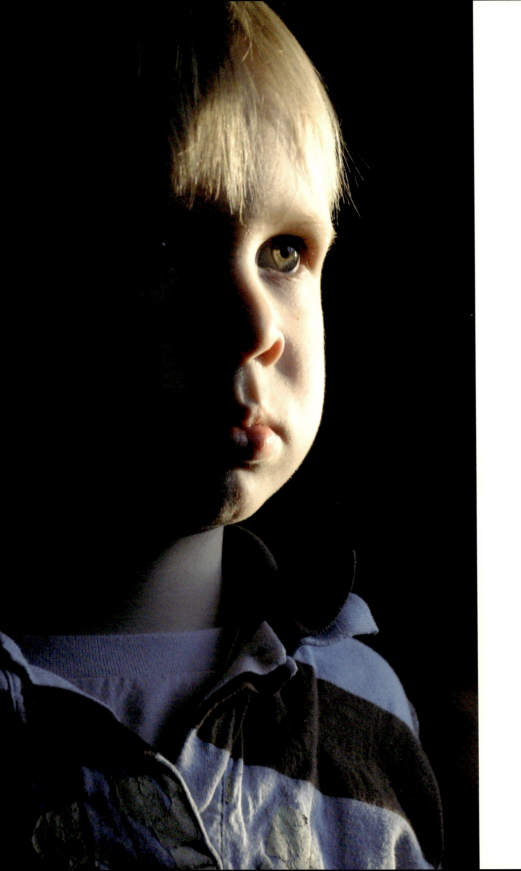

Eine vergessene Kerze – was bleibt?

Eine vergessene Kerze entzündet den Adventskranz und dann die ganze Küche. Zwei Kinder mit schweren Rauchgasvergiftungen am Rande des Todes. Nach Wochen des Bangens steht fest, dass mit keinen Dauerschäden zu rechnen ist. Das Haus ist nach einigen Monaten wieder bewohnbar.

Der Vater: Ist das wirklich wahr? Nur ein böser Traum? Ich kann es nicht fassen. Wie soll es weiter gehen? Ich empfinde – Grauen.

Das Kind: Zum Kotzen – dieser Husten. Ich will nach Hause!

Der Vater: Versicherung zahlt. Na gut. Alles geht zu ersetzen. Alles? Was ist das Materielle, wenn das Lebensglück halbtot vor mir liegt? O Gott, hilf meinen Kindern. Sie sind für mich alles, was überhaupt zählt. Es kann immer wieder passieren. Auch schlimmer. Ich habe solche Angst. Und dann dieser Rat: „Es wird schon wieder." – „Kopf hoch." – „Das Leben geht weiter." – Aber ohne meine Kinder?

Das Kind: Wer sind diese Leute? Meine Eltern sind dabei. Dann ist alles gut. Wo ist mein Kuscheltier?

Der Vater: Meine Kinder leben. – Meine Frau wird leben.

Das Kind: Der Qualm hat alles eingewickelt. Auch mich. Da habe ich doch gedacht, die Schutzengel haben uns nicht beschützt. Dabei waren sie nur schnell die Feuerwehr holen.

Der Vater: Das Haus wird bald wieder renoviert sein. Alles wird wie früher. Alles? Nichts wird wie früher sein. Wir sind und waren nicht allein. Trotzdem habe ich Angst. Nicht vor Feuer. Vor dem Leben und der Zukunft.

Das Kind: Die Bauarbeiter machen unser Haus sauber. Wenn wir wieder zu Hause sind, dann kriegen wir ein „Stoppeldockbett". Kuscheltiere habe ich ganz viele neue. Die blöden Bauarbeiter haben auch Spielzeug einfach weggeschmissen. Bald wohne ich wieder in unserem Haus.

Was bleibt? Fragen, Angst, Demut, Erfahrungen, Vertrauen, Lachen, Gedanken, Dankbarkeit – und frische Farbe.

Torsten Vogel mit Frau Christiane

Torsten Vogel, geboren 1966, zwei Kinder, wohnt in Hoyerswerda. Evangelischer Schlesier.

Im kirchlichen Nachrichtenblatt von Bad Muskau schrieb ich Weihnachten 1974 „Advent und Weihnachten ist wie ein Schlüsselloch, durch das auf unseren dunklen Erdenweg ein Schein aus der Heimat fällt."

Wegen dieses Zitats wurde ich zum Rat des Kreises, Referat für Kirchenfragen bestellt. Dort fragte man was das zu bedeuten habe: „Dunkler Erdenweg" und „Schein aus der Heimat?" – „Etwa ein Vergleich von ‚Deutscher Demokratischer Republik' mit ‚BRD' oder eine Anspielung auf das ehemalige Schlesien, die jetzige ‚Volksrepublik Polen'?"

Ich lachte und sagte: „Pastor Friedrich von Bodelschwingh hat vor einhundert Jahren diese hoffnungsvollen Worte geschrieben zur Erklärung der Weihnachtsbotschaft: ‚Jesus ist das Licht der Welt.' "

Das beruhigte den jungen staatlichen Mitarbeiter.

Erhard Benning und Frau Ute

Erhard Benning, Kaufmann, Diakon und Pfarrer. Geboren 1933 in Schloßberg/Ostpreußen. Danach Claußnitz bei Mittweida; tätig in Rothenburg, Bad Muskau, Görlitz. Heute Ruhestand in Görlitz.

Beim Zubettgehen unterhalten wir uns über Verwandtschaftsverhältnisse. Linus – zweieinhalb – unser Sohn, will wissen, warum ich seine Mama bin.
Ich erkläre ihm, dass er in meinem Bauch war. Darauf Linus entsetzt: „Hast du mich gegessen?"

Heiligabend in der Kirche. Linus – dreieinhalb: „Wann gibt es denn was zu essen?" Ich erkläre ihm, dass es jetzt nichts gibt. Linus: „Doch, der Pfarrer hat es aber gesagt: ‚Willkommen zur Christ-Vesper'".

... „und alle, die ihm zuhörten verwunderten sich seines Verstandes"...

Constantia Buck, Ehemann Stephan und Sohn Linus

Constantia Buck, geboren 1976, verheiratet, wohnt in Chemnitz, ein Sohn. Diplomsozialpädagogin, tätig in einer Werkstatt für behinderte Menschen.

Heiligabend.

Von Weihnachtsfreude keine Spur. Verlusterleben, Leere, Traurigkeit.

Ich beschließe, einen Spaziergang zu machen, um mich für den Abend zu wappnen; Boden unter die Füße zu bekommen, auch der Kinder wegen, die alle gekommen sind. Dass es bereits dunkel ist und regnet, stört mich nicht. Die Eichenallee entlang, eine halbe Stunde durch den Wald, an der Wasserscheide vorbei. Ein schwacher Schimmer lässt mich innehalten.

Ich kehre um. Und bleibe betroffen stehen: Auf dem Treppchen zum Bach steht eine Kerze. Ganz klein. Und doch durchdringt ihr Licht die Dunkelheit.

Lange stehe ich dort. Schaue und spüre, wie Wärme mich ausfüllt – zaghafte Zuversicht. Tief berührt und gestärkt gehe ich nach Hause.

Heiligabend – ein Jahr danach. Ich bin hingegangen und habe eine Kerze angezündet.

Esther Wolf-Berger mit Familie

Esther Wolf-Berger, Diakonin/Diplompädagogin, geboren 1952, geschieden, vier Kinder, Sozialer Dienst in der Altenpflege des Martinshofes.

Jedes Jahr in der Adventszeit suche ich mir eine Krippenfigur um mich Weihnachten zu nähern. Diesmal beeindrucken mich die Weisen aus dem Morgenland. Sie sehen einen Stern und das verbindet sie. Alles andere lassen sie hinter sich und brechen auf, um ihrem Stern zu folgen.

Habe ich in meinem Leben einen Stern gesehen, dem ich gefolgt bin, dass ich anderes hinten an stellte? Von den Weisen heißt es, dass sie den beschwerlichen Weg auf sich genommen haben.

Als sie ankamen, fanden sie nichts von dem, was sie erwartet hatten. Schließlich kommt es zu der bewegenden Szene: Sie knien vor dem Kind nieder. Die Insignien ihrer Macht und ihres Wohlstandes legen sie ab: Gold, Weihrauch und Myrrhe. Sie spürten wohl, vor diesem Kind zählt nicht ihre Funktion, nicht der Reichtum, nicht die Schönheit, sondern der Mensch, der sie sind.

Die weit gereisten Ausländer verneigen sich vor diesem Kind, mit dem der Himmel die Erde berührt. Sie sind am Ziel.

Ich wünsche mir den Mut, immer wieder aufzubrechen und mich von dem was ich vorfinde nicht entmutigen zu lassen. Dass ich so den Weg zu Gott immer wieder finde.

Sabine Beck, wohnt in Halberstadt, geboren 1945. Pastorin, Leiterin der Telefonseelsorge Halle. Im Februar 2007 aus dem aktiven Dienst verabschiedet.

Brüderhaus im Martinshof Rothenburg Diakoniewerk

Um den Martinshof zu erreichen, heißt es, in die Oberlausitz zu reisen.

Im Herbst 1898 begann die wechselvolle Geschichte dieser diakonischen Einrichtung. Zu dieser Zeit suchte Pfarrer Martin von Gerlach ein Anwesen, um mit cirka 30 Brüdern seinen Dienst an Schwachen und Hilfsbedürftigen zu tun. Sie kamen alle aus dem Samariterordensstift in Kraschnitz bei Breslau.

Auf Grund eines Konfliktes mit der dortigen Leitung war Pfarrer von Gerlach seines Amtes enthoben worden. Dreißig Brüder hatten sich mit ihm solidarisiert und waren nun wie er ohne Heimat.

Im Neißetal in Rothenburg/Tormersdorf fanden sie endlich ein neues Zuhause. Sie nannten das Anwesen „Zoar" (Zuflucht) und nahmen hilfsbedürftige und behinderte Menschen auf, um sie zu pflegen und zu betreuen.

Der alttestamentliche Name Zoar wurde 1942 auf Veranlassung der Nazis in „Martinshof" umgeändert. So heißt das Diakoniewerk noch heute. Der Name hat in der näheren und weiteren Umgebung einen guten Klang. Noch immer werden hier in christlicher Verantwortung und mit hohem persönlichen Einsatz behinderte und alte Menschen, aber auch Kinder und Jugendliche betreut.

Fachlich gut ausgebildete MitarbeiterInnen engagieren sich, ihnen beizustehen und für sie einen Lebensraum zu schaffen, in dem sie sich wohl fühlen.

Inmitten der Häuser des Martinshofes stand und steht das Brüderhaus. Einstmals wurden hier junge Männer und später auch Frauen für den Dienst an behinderten und alten Menschen und auch für die Arbeit in den evangelischen Kirchengemeinden ausgebildet.

Frauen und Männer, die sich nach sozialpädagogischer und theologischer Ausbildung zum Diakon/zur Diakonin ordinieren lassen und auch Menschen, die ihnen geistlich nahe stehen, gehören zur Brüder- und Schwesternschaft Martinshof. Sie sind untereinander in ihrer christlichen Lebenseinstellung, durch ihre Lebensordnung und durch ihr gemeinsames soziales Engagement verbunden. Einmal im Jahr treffen sie sich zu ihrer Jahrestagung im Martinshof zum Brüder- und Schwesterntag.

Brüder- und Schwesterntag im Martinshof Rothenburg

Lebensordnung

der Brüder- und Schwesternschaft Martinshof e.V.

Jesus Christus lädt mich mit Schwestern und Brüdern zu sich ein.
In seiner Nähe erfahre ich, Liebe, die mich trägt, Vergebung, die mich heilt, Zuspruch, der mich aufrichtet, Gemeinschaft, die mich stärkt, Verheißung, der ich traue, Anspruch, der mich fordert.

Mein Leben, meine Gesundheit und meine Gaben begreife ich als Geschenk. Ich will sie einsetzen in dieser Gemeinschaft und in meiner Arbeit. So folge ich mit anderen lernend, gebend und nehmend der Verheißung Jesu:
„Was ihr getan habt einem unter diesen meinen geringsten Brüdern, das habt ihr mir getan."

Mit den Schwestern und Brüdern will ich die Verantwortung wahrnehmen, die sich aus der Geschichte unserer Gemeinschaft ergibt.

Da wir viele sind und ganz verschiedene Gaben haben, werden wir unterschiedliche Antworten auf die Herausforderungen unserer Zeit finden.

Durch Schwestern und Brüder weiß ich mich angenommen mit meinen Stärken und Schwächen und möchte auch annehmen und stützen. Das Anderssein der Geschwister bereichert mich.

Deshalb will ich offen sein im Hören und Reden und möchte mich mit meiner Individualität einbringen.

Manchmal belasten uns Spannungen, ich will sie aushalten und nach Lösungen suchen. Ich weiß, dass wir durch das Gebet miteinander verbunden sind. Dadurch erfahre ich Kraft und Hilfe für mein Leben.

Wir wollen uns Nöten unserer Zeit in christlicher Verantwortung stellen, nach den Ursachen fragen und sie beseitigen helfen.

In solchem Tun stehen wir an der Seite der Menschen, die sich in sozialer, leiblicher und seelischer Not befinden.

Die Hilfe richtet sich auf das Heil und Wohl der Menschen und ist Botschaft und Hoffnung in Wort und Tat.

Auf diesem Weg verbindet uns unsere gemeinsame Geschichte, der Dienst an der Gesellschaft, die Gemeinschaft in der wir leben und das Vertrauen, das uns der Geist Gottes als Glieder eines Leibes belebt.

Heinz Gärtner – dessen Häuser mit Fenstern bei der Gestaltung verwendet wurden, ist am 31. 1. 1927 in Görlitz geboren, verstarb am 23. 1. 1995. Er war bis 1948 beim Kohlehandel in Görlitz tätig; lebte danach in Rothenburg und arbeitete in der Landwirtschaft des Martinshofes; 1985 Umzug vom Bauernhof in die Mühlgasse; Arbeit im Hauswirtschaftsbereich; malte hunderte von Häusern; Ausstellungen in Rothenburg und Kulturinsel Einsiedel/Zentendorf.

Bildnachweis

Fotos und Bilder zur thematischen Seitengestaltung: Die Kinderbilder zeichneten Hannah und Thea Drese (8 und 6 Jahre) für die Seite 40; Lucie von Wolff (7 Jahre) Seite 52; Elisabeth Maimuna Nounla (7 Jahre) 108. Elias Schönfelder (7 Jahre) fotografierte für die Seite 98. Das Bild (Tempera) von Erna Roder auf der Seite 38 wurde freundlicherweise von der K. KristenDruckerei Zumm, Berlin, zum Abdruck freigegeben. Das Ölbild auf der Seite 26 stellte Carla Schubert aus Dresden zur Verfügung, die Zeichnung auf der Seite 50 zeichnete Klaus-Peter Reif, freischaffender Grafiker und Maler, Albrechts bei Suhl. Roswitha Wintermann, freischaffende Fotografin in Görlitz, stellte aus ihrem Archiv die Fotos auf den Seiten 6, 8, 10, 12, 14, 18, 22, 24, 29, 30, 32, 36, 42, 44, 54, 56, 58, 64, 72, 80, 82, 84, 86, 88, 92, 94, 96, 100, 102 zur Verfügung. Das Foto von Erna Roder auf der Seite 39 gab freundlicherweise Herr Dr. Günter Blutke, Journalist und Fotograf in Berlin, zum Abdruck frei. Folgende Fotos wurden von Mitgliedern der Brüder- und Schwesternschaft erstellt: Auf dem Seiten 20, 28, 34, 46, 68, 70, 78, 90, 104 von den jeweiligen Text-Autoren; Andreas Drese 76, Peter Goldammer 28, 35, 62, 74, 106, Torsten Schönfelder 66, Achim Trobisch 16 und 48. Die Fotos auf den Seiten 60, 83, 110, 78, 112, sind dem Archiv der Brüder- und Schwesternschaft entnommen, ebenso die persönlichen Fotos auf den Seiten 11, 15, 19, 21, 51, 73, 91. Aus dem Archiv des Martinshof Diakoniewerk sind die Aufnahmen Seite 83, 89 und 111. Die nicht genannten persönlichen Fotos haben die jeweiligen Autoren zur Verfügung gestellt.

Textnachweis

Die Bibeltexte auf den Seiten 13, 15, 23, 29, 45, 47, 55, 61, 75, 77, 79, 85, 91, 105 sind frei aus dem Gedächtnis zitiert, ebenso das Zitat von Friedrich von Bodelschwingh auf Seite 103. Das Lied von Jochen Klepper (Seite 23) steht im Evangelischen Gesangbuch. Das Lied auf Seite 31 ist aus der Erinnerung nach einem Wandspruch aufgeschrieben, ebenso die Texte auf den Seiten 67 und 97; das Tsunamilied aus Sri Lanka Seite 69 dichtete und übersetzte Pater Terrence.